# はじめに

　小児科医になって約四半世紀が経ちました。日々、発達障害や知的障害、身体障害、重症心身障害のある子の診療にあたっています。

　今まで、たくさんのお子さんとの出会いがあり、その数だけ多くの家族と出会ってきました。最近では小さい頃から通われていた方がお母さんとなって、その方のお子さんも一緒に診させていただく機会も増えてきました。

　私は小児科医ですが、一般的な小児科医のイメージとは異なる点が2つあります。

　1つ目は、お子さんの診察だけでなく、希望される方には保護者の方や場合によっては祖父母の方のカルテも作って診察をさせていただいていることです。子育ての問題は、お子さんだけを診ていては解決しないことが多く、子育てをされている保護者の方をはじめ家族全体を診ていかなければうまくいかないことを経験から学んだためです。保護者の方の心と体の健康が、お子さんの心と体の健康に大きく影響します。保護者の方が少しでも健康でいられるよう、家族包括診療を10年ほど前から行っています。

　2つ目は、子どもだけでなく、高齢者の訪問診療も行うようになり、ご家庭でお看取りさせていただく機会が増えたことです。お看取りの仕方も様々ですが、共通して言えるのはその方が亡くなる時に、その方の歩んできた人生や一緒の時間を過ごされたご家族の在り方を垣間見ることができるという点ではないでしょうか。お子さんやお孫さんに囲まれて息を引き取られた後、ご家族が涙と笑顔でその方を温かくお見送りされている時もあり、自分もこんなふうに人生の最期を迎えられたらいいなあ、と思っています。

　こうした保護者の方や高齢者の方の診療を通して、私自身の子育て観も変化してきました。

　お子さんの数だけ家族がいて、お子さんの個性も家族の個性も皆異なるわけで、様々な子育ての方法があってよいのは当たり前のことです。子育てには正解というものはありません。だからこそ子育ては難しく、でも楽しく、やりがいがあるのだと思います。前置きが長くなりましたが、本書ではこれまでの経験から、集団生活が苦手な子のために、私自身が考える子育て観をわかりやすくお伝えできれば、と思っています。

遠藤雄策

## 集団生活が苦手な子のための
# 子育てハッピーサポート BOOK

## CONTENTS

> **Part** **1**

### 子どもの困りごとをサポートするための
### 子育てスキル 15

## Part 2

### 園児の「困った」をサポート

Part **3**

## 児童の「困った」「悩み」をサポート

## Part 4

### サポートする家族の心がまえとは

〔おことわり〕
本書で解説しているケースは、子育ての悩みや発達に特性のあるお子さんの一例を紹介したものであり、記載されたサポート方法が全ての方に当てはまるわけではなく、またその症状に当てはまるからといって何らかの病気であるということではございません。あくまで代表的な悩みやケースを掲載しておりますので、子育ての一助として参考にしていただければと思います。お子さんの様子が心配な場合は、近隣の自治体の相談センターや専門の医療機関にご相談ください。

prologue

# 集団生活

## 子どものこんなことで
## 悩んでいませんか？

集団生活は社会性を育む上で大切な経験ですが、中には人見知りだったり、みんなと同じようにできない子もいます。でも実は、それには理由があるのです。ここでは、その代表的なケースを紹介します。

# 幼稚園で

子どもにとって初めての集団生活が幼稚園・保育園・こども園。集団生活に入ることで、今までとは違う子どもの困りごとが見えてきます。

## ケース 1　不安・過敏タイプ

このタイプは、初めての状況が苦手、慣れるのに時間がかかる、普段と少しでも違うと違和感を感じるなどの不安な気持ちを抱えています。

### 保護者と離れることができない

小さい頃から人見知りが強く、公園や子育て広場に行っても、みんなの輪の中に入っていけなかったり、話しかけられても全く返事をしなかったりと、家族は心配がつきません。入園した後の最大の悩みは、登園時に保護者と離れられないこと。離れようとすると大泣きし、最後は引きずられるようにして教室の中へ。先生には「慣れるまで一緒にいてあげてください」と言われ、泣く泣く仕事を休み一日中付き添いをすることも。

### 他児への叱責や大きな音が苦手

よくあるケースは、先生が他の子を怒っていても、まるで自分が怒られているかのように感じてしまい幼稚園に行きたくなくなる、子どもたちの騒ぐ声や救急車などの突然鳴る大きな音が苦手で、逃げようとしたり手で耳をふさぐなど。周りの子どもたちはそこまで敏感ではないのに、どうしてうちの子だけこんなに苦手なんだろうと保護者は頭を悩ませることがあります。騒がしい場所や人が大勢集まる場所にいると、ぐったりと疲れてしまうことも。

## ケース ② 友達トラブルタイプ

友達と遊びたいのに、いざとなると自分勝手になってしまうなど、悪気はないのに
うまくいかないことがあります。

### 友達に手が出てしまう

興味のあるおもちゃや遊具を見つける
と、他の子のことなどお構いなしで一人占
めするタイプ。友達が遊んでいるおもちゃ
を使いたくなったら、叩いてでも横取りし
て本人はご機嫌に。先生に叱られても、
せっかく手に入れたおもちゃを手放すの
がつらくて、つい手が出てしまいます。叩
く・蹴る・物を投げる行為がある場合、ど
うして手が出るのか考える必要がありま
す。その子がどこかで誰かから叩かれて
いる可能性も考えなければいけません。

### しつこい・相手との距離が近い

人懐っこい子が遊んでいる様子を見てい
ると、友達にしつこくしすぎるなど、明ら
かに友達との距離が近いことがあります。最初は楽しんでくれていた友達も、し
つこく話しかけられたり抱きつかれたりす
ると、最終的には嫌がって逃げてしまうこ
とも。嫌がられているのを感じない子の
場合、悪気はないので、かえって喜んで
追いかけてしまい、結果、孤立してしまい
ます。距離感がつかめないことでこういっ
たトラブルが起きやすいのです。

## ケース **3** マイペースタイプ

みんなと同じことをする場面で自分だけ別のことを始めたり、空気が読めずに思ったことをそのまま話したりするタイプの子がいます。

### みんなと同じ活動ができない

例えば、幼稚園での制作の時間に、先生が「今から七夕飾りを作りましょう」と手順を説明したとします。マイペースタイプの子どもは、その活動に興味が持てなくて材料で遊んでしまったり、他に気になるものがあったり、飽きたりしたら席を離れてしまうことも。そもそも先生の指示が個人ではなく全体に向けたものだと、理解できない場合があります。集団行動におくれをとったり、さらには注意されることが多いので本人のやる気もダウンしがちに。

### 空気が読めない

興味のあることだけは唐突に話しかけるのに、友達が別のことを話し出したら、それに対しては返事をしない傾向があります。思ったことを直球で言ってしまうタイプの場合「太ってるね」など失礼なことも伝えてしまうので、友達から距離を置かれることも。他にも、冗談や皮肉が通じないタイプの子どもには2通りあり、言葉を文字通りに受け取って怒るタイプと、皮肉に気づかず、実はひどいことを言われているタイプがあります。

# 小学校で

幼稚園などと違って、小学校ではより協調性が求められます。勉強面でうまくいかないことがわかり始めるのもこの頃です。

## ケース ❶ 落ち着きがないタイプ

このタイプは、おとなしくしていなければいけない場面で、じっと座っていられない、列に並ぶことが苦手などの困りごとを抱えています。

### じっと座っているのが苦手

小さい頃は、外出先で迷子になったり、外食の時に席を離れたりすることが多く、保護者としては入学後にしっかり座って授業を聞くことができるのかを心配しがちです。順番を待つことも苦手なので、列に並んでいても急に割り込んで、友達に注意されたりもします。本人にとって一番大変なのは、授業中に静かに席に座っていること。気になることがあるとすぐに席を立って確認しに行くなどの落ち着きのなさが保護者にとっては気がかりに。

### 姿勢が崩れやすい

姿勢が悪いと注意される例として、授業中に机に突っ伏していたり、椅子をガタガタ揺らしたり、机を前後に動かしたりといったことがあります。本人は耳では授業を聞いているつもりでも、先生からは全く聞いていないように見えるので、怒られやすく自己肯定感が低くなりがちです。体の使い方が不器用なタイプの子どもも姿勢が崩れやすくなるので、机や椅子の高さなどを調整したり、体幹トレーニングをさせたりしてサポートしましょう。

## ケース ❷ こだわりが強いタイプ

このタイプは、自分のこだわりを崩されそうになるとパニックになったり、予定が変更になるのが苦手などの困りごとを抱えています。

### マイルールがある

子どもたちは少ない経験から法則やルーティンを作り出しています。幼い頃に自分独自のルール（マイルール）にこだわるのは、自然な流れと言えるでしょう。例えば、食事の時はお父さんの隣、気に入った服しか着ないなど、些細なこだわりがあったとします。問題になるのは、それを崩そうとすると本人が混乱する場合です。小学生になってからよく見られるケースとしては、急な予定変更やハプニング（発表の順番が変わる、宿題を忘れた）が苦手、などがあります。

### 何でも一番になりたがる

負けず嫌いで、じゃんけんに負けたり、列の先頭に並べなかったり、鬼ごっこで鬼にタッチされたりするだけで、この世の終わりかのように泣いて悔しがる子がいます。いわゆる『一番病』です。負けて悔しい気持ちを持つのも成長の証ですが、それで暴れたり相手を叩いたりするようでは大きくなった時に苦労する可能性があります。うまくいった時は「やった！」、負けた時は「悔しい」と、適切な感情の出し方を練習する必要があります。

## ケース ❸ 勉強困難タイプ

授業の内容を理解できないことで楽しくない、読み書き計算のどれかだけが苦手、気がそれやすいなど原因は様々です。

### インプット（理解）に課題がある

小学校入学後に困ることの一つとして、勉強が苦手という課題が出てくることがあります。勉強が苦手な理由には代表的なものがいくつかあり、理解が苦手、読み書きが苦手、計算が苦手などがあげられます。理解に課題がある場合とは、集団授業で説明された内容を理解することが苦手という意味です。個別に説明を受けたり、時間をかけることで理解が進みますが、クラス全体への簡単な指示ではうまく伝わらない場合があります。

### アウトプット（読み書き）に課題がある

できて当たり前という思い込みで見過ごされがちなのが、読み書きに困難を抱えている場合です。音読の時に、実は何度も同じところを読んでいたり、文章を区切って読むのが苦手だったりということが判明することがあります。また、板書に手間取ったり、漢字を何回練習しても覚えられない、書き順を適当にしてしまうなどのパターンもあります。子どもがどこでつまずいているのか、困りごとはどこにあるのかを保護者や担任の先生が理解して個別に支援していく必要があります。

14

# 子どもの困りごとを見過ごさないために、今、保護者ができることとは

　幼い頃は、誕生月が違うだけでもずいぶんと成長に差があるものです。「うちの子、幼稚園や小学校でやっていけるの?」と不安な気持ちを抱えて新生活を迎えるご家族も少なくないでしょう。入園・入学直後は子どもの困りごとが露出する時期でもあります。

　そんな時、ご家族に知っておいてほしいことは3つ。①どの子も必ず発達すること、②どの子も必ず得意と不得意があること、③不得意も裏を返せば得意になることです。一人ひとり発達ペースや得意・不得意は違いますが、子どもの半年前、1年前を思い出してみてください。きっとその時にはできなかったことが今はできるようになっているはずです。家族は、子どもの「うまくいかない」ということばかりに目を向けず、未来のことをポジティブにイメージして日々のサポートをしてみてはどうでしょう?

　18ページからは、15個の子育てスキルを掲載しています。子どもの困りごとを見過ごさないために、保護者の方が、その子に合ったオーダーメイドのサポート法を見つけてくださいね。

## この本の使い方

Part1 では、今すぐ役立つ子育てスキル 15 を紹介します。それらの子育てスキルを参考に、Part2 以降の子どもの困りごとに対処してみましょう。理解がしやすいように、左右ページで対応した構成となっています。

1 〜 36 の項目があり、子どもと保護者、それぞれの困りごとを表しています。

この項目に対する
サポートのしやすさを★で
表しています。

★ 5 つ……最も変化が得やすい
★ 4 つ……変化が得やすい
★ 3 つ……普通
★ 2 つ……少し時間がかかる
★ 1 つ……時間をじっくりかけよう

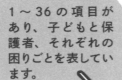

このページの項目に対して、どの子育てスキルが役に立つかを示しています。子育てをサポートする時の指針になります。

左ページの子どもの困りごとと、右ページのハッピーサポートはそれぞれの番号で対応していますので、読みたいところだけ読んでも理解が進みます。

# Part 1

## 子どもの困りごとを
## サポートするための
## 子育てスキル 15

ここでは、子育ての "なんでだろう?" "うまくいかない"
をすっきり解決する 15 の子育てスキルを紹介します。
ちょっとした工夫で、今日から子育てが変わります!

# 事前に「見通し」を伝える

「見通し」を伝えるのは、パニックになったり、あわてたりしないための一番の近道。子どもたちを安心させるためにも、これから起こることや、やるべき内容、終わりの時間などの「見通し」を伝えましょう。例えば、急な予定変更が苦手な子の場合は、予定変更があるかもしれないことをあらかじめ伝えることで心の準備ができ、物事をスムーズに進められます。遊びでも勉強でも、終わりの時間や目安（目標）を前もって伝えて「ここまで頑張れば大丈夫」を知らせることもできます。

# スキル

## 2

# 「エリア化」して
# わかりやすくする

物を失くしがちな場合には、トレーやクリアフ
ァイルを使って片づける場所を決めることで、
忘れ物や失くし物がかなり減ります。気持ちの
切り替えが苦手な場合には、食事をする・勉強
をする・遊ぶといった目的別に、大ざっぱでも
よいので室内のエリア分けを。授業中静かに座
っているのが苦手なら、教室外にクールダウン
スペースを設けてもらい、そこで気持ちをリセ
ットしましょう。いざとなればそこに行けるとい
う安心感が生まれます。

スキル

# やることはわかりやすく「見せる」

小学生の場合は、やるべきことや持って帰らなくてはいけないものを忘れないために、ランドセルや筆箱の裏側などに書いて貼っておきましょう。家では、宿題の内容や習い事の予定などをメモして目立つところに貼るなど、あえて「見せる」ことで、複数あるタスクも忘れずに済みます。これらは、何をすべきか実は不安に思っている子どもたちの助けになります。自分の目標を見えるところに貼っておくのもモチベーションを保つ秘訣です。

## 気が散るものは
## 「かくす」

ゲームやおもちゃ、タブレットなどの目に入ると
気が散るものは、見えないところにかくしまし
ょう。そうすることで、集中力が高まり、切り
替え上手にもなります。学校で勉強や活動に集
中するには、前方の席を選ぶことで外の景色や
他の生徒の様子を見えにくくし、先生からの指
示に注意が向くようにします。自宅では勉強机
を壁に向けて配置したり、机の上に小さなパー
ティションをおくなど気が散らない工夫をする
とよいでしょう。

スキル

# 「まあいいか」と思う

徒競走やじゃんけんで負けた、発表でうまく
いかなかった……子どもたちも生活の中で、
うまくいかないことがあります。納得がいかな
くてひどく怒ったり、パニックになったりしな
いためにも「まあいいか」と思える練習を親
子で一緒にしておきましょう。日頃から、家
族でカードゲームをして負ける経験をするな
ど、小さな悔しさを重ねることで、次第に
「まあ次に頑張ればいいか」と思えるように
なります。うまくいかなくても、最後までやり
切れたという経験も大切です。

# スキル

# 6

# 「できた」で終わる

　苦手なことを克服するためには、成功体験を徐々に積み重ねていくことが大切です。それには「できた」という達成感が必要になってきます。給食の嫌いなメニューを一口でも食べることができた、緊張する発表会で舞台の上に上がることができた、授業中に少しでも長く座っていることができた……などです。そういった頑張りを、サポートする側は「できたね！」とほめましょう。スモールステップを重ねることで自己肯定感が上がっていきます。

スキル

**7**

# 60秒ルール
# 増やしたい行動は「ほめる」
# 減らしたい行動は「スルー」

子どもをやる気にさせるサポートの方法がある
のを知っていますか？　それは60秒以内に
「ほめる」こと。増やしていきたい行動は、す
ぐに"いいね"を伝えます。例えば、席を離れ
がちな子には、座っていられる間にすかさずほ
め、極力エラー（席を離れる）が出ないように
します。万が一席を離れてしまった場合は、そ
の行動をスルー（注意・注目しない）しつつ頃
合いを見てさりげなく席に戻すのが本人にとっ
ては効果的です。しかし、可能な限りできてい
る時に注目（ほめる）をしてあげてください。
「ほめられたい」気持ちが強くなり、やる気ア
ップにつながります。

# スキル 8

# 「ポジティブ」なイメージで「シンプル」に伝える

子育てをしていると、"なんで片づけないの?""汚さないで!" など否定的な言葉で小言を繰り返しがち。マイナスの感情を生まないためには "きれいに使おうね" など、目標にしたい明るい結果をイメージして「ポジティブ」な言葉を使うことをおすすめします。さらに、長々と説明したり説教したりするより、具体的にやるべきことを短く伝えたほうが、子どもにはわかりやすく伝わり度が高いのです。次もやりたいなと思わせることが肝心です。

# 6秒ルール
# 怒りのピークは
# たったの「6秒」

子どもの寝顔を見ながら「怒ってごめんね」と反省することはありませんか？　実は、怒りのピークはたったの「6秒」。これをやり過ごすことで、言いすぎることや後悔することが減るのです。保護者も子どももセルフコントロール力を向上させることで物事がスムーズに進みます。怒りをコントロールする方法は、とても簡単。自分自身が冷静でないと感じたら、一旦、その場・その人・そのことから離れ、目をつぶって6秒数えるだけです。

# 「マジックワード」で コミュニケーション上手

うっかり本当のことを言ってしまうことで、友達とのコミュニケーションがうまくいかなくなる場合があります。どうやって上手に関係性を築いていけばいいのか悩む場合は、「マジックワード」を使ってみては。ポイントは、相手の気持ちが前向きになる言葉を使うこと。最初の一言に"ウソ?"と反応するより、"ほんとう?"と反応するほうが相手の印象もプラスになります。"いいね!""かわいい!""さすが!"などを使いこなせるようになると、自分も相手も幸せな気持ちになります。相手を労う言葉も使えるようになるといいですね。

## スキル

# 11

## 「好きなこと」を
## 活かす

電車に詳しい、絵を描くのが上手、運動が得
意、目立つのが好き、将棋が強いなど、本人
が幸せな気持ちになれるものや夢中になれる
ことがあれば、それを集団生活にも活かしま
しょう。絵が得意な場合は、学級新聞に挿絵
を描いたり、運動が得意ならリレーメンバーと
して活躍してもらったり。他にも目立つのが好
きな子にはクラス委員を担当してもらうなど、
それぞれが活躍できる場面を増やしましょう。
自信を持つきっかけにもなります。

コーヒー好き

フラダンス
チーム

# ❤12

## ごめんなさいより
## 「ふり返り」を一緒にする

「謝りなさい！」と怒ることはありませんか？
子どもが間違ったことをした時には、謝る（ご
めんなさい・もうしません等）スキルも大切か
もしれませんが、もっと大切なことはどうした
ら同じ過ちを繰り返さないかを一緒にふり返
り、再発防止策を考えることです。謝って終わ
りではなく、親子で一緒にこんな時はどうすれ
ば良いかをふり返ることで、集団生活の中で
起きるトラブルにも対処でき、世渡り上手のス
キルを身につけることができます。

## スキル

# ♥ 13

## 「役割」を与える

休み時間をどのように過ごしたらよいかわからない子の場合は、黒板消し係、プリント係、御用聞きなどの「役割」を与えるとよいでしょう。先生がありがとうを伝えることで自己肯定感が高まり、他の子とのトラブルも減らせるので、休み時間が苦痛でなくなるはずです。休日はあらかじめ親子でお手伝いの内容を決めたりして、一緒に作業することを提案してみましょう。ダラダラと過ごすより、オンとオフの切り替えをすることで生活にメリハリがつきます。

# 14

# 「ごほうび作戦」を
# 立てる

人の気持ちや行動は、労力とごほうびの天秤
（バランス）で動くことが多く、例えばボラン
ティアをする人も"達成感"という「ごほうび」
が動機付けになります。子どもの場合も同じ
です。具体的な目標（授業で1回は発表する、
友達との喧嘩ゼロ）を決め、達成できたらポ
イントが貯まるという仕組みを作り、100点
貯まるごとにお小遣いやゲームの時間を増や
すなどの工夫をしましょう。ごほうびを渡すだ
けでなく、ほめることも忘れずに。

# 「ありがとう」を伝えて
# やる気アップ！

"笑う門には福来る"。笑顔は免疫力も高めて、人も自分も元気にしてくれます。他の人のちょっとした行動にも「ありがとう」と感謝を伝えると、相手だけでなく自分にも笑顔が増えてくるでしょう。ポイントは「ありがとう」のハードルを下げること。そうすることで、たくさんの感謝を伝えることができます。まずは、自分から家族など身近な人に「ありがとう」を意識して伝えてみましょう。しばらく続けていると子どもたちからも「ありがとう」のやまびこが返ってきます。感謝されることで、やる気アップにつながります。

# Part 2

## 園児の「困った」を サポート

幼稚園・保育園・こども園は子どもが初めて経験する集団生活。みんなとペースを合わせて生活するのは案外大変です。家では気がつかなかった困りごとが出てくる時期でもあります。家族のサポートで乗り越えましょう。

# 登園を嫌がる

幼稚園や保育園、こども園は子どもにとって初めての社会。家族以外の人との間で子どもが安心感を見出していくことが大切です。

チェック
**1** 家族と離れたくない
（分離不安がある）

チェック
**2** 苦手な人・こと・場所がある

使える子育てスキルはコレ！

スキル **3** やることはわかりやすく「見せる」（20ページ）

スキル **4** 気が散るものは「かくす」（21ページ）

保護者は子どもから離れる時には潔く離れ、子どもが新しい場所に慣れるのを妨げないようにしましょう。大事なのは、周りの大人がブレずにこの場の安全を保障すること。そこに保護者がいるのは逆効果です。

サポートしやすさ
★★★☆☆

サポート
## 1 子どもから離れる時は潔く

入園後は、初めての場所・初めての人・初めてのことばかり。子どもにとって幼稚園や保育園などは、その中で安心できる先生、友達ができるまでの間はアウェイな場所。少しでも早く園や先生・友達に慣れるために、保護者は園に送り届けたら、先生に任せて速やかに子どもの視界からいなくなるのがコツ。

サポート
## 2 事前の予習で安心を増やす

初めての行事や人前に出ること、園外保育のような普段と違う場所が苦手な子も。初めての人やこと、場所は可能な範囲で写真や動画で事前に見せたり、苦手なことは内容や役割を変えてあげたりして、"大丈夫・安心"を増やしておく。

# 集団の中で、みんなと同じことができない

みんなと同じペースで行動するのが苦手な子もいます。
ここでは、指示が通りやすくなる工夫をお伝えします。

チェック

**1** 先生の指示が
理解できない

チェック

**2** 指示されていることは
わかっても、その活動に
興味が持てない

チェック

**3** 活動の時間が長すぎて
飽きている

チェック

**4** 周りのおもちゃや本、
道路を通る車など、
気になるものがある

チェック

**5** 嫌いな刺激
（音、光、匂い、暗さ）
があり落ち着かない

---

使える子育てスキルはコレ！

 スキル **4** 気が散るものは「かくす」（21ページ）

 スキル **13** 「役割」を与える （30ページ）

理解、興味、課題設定、環境設定、過敏さ……
みんなと同じことができないのには理由がありま
す。その子のつまずきの原因を考えることで出口
が見えてきます。

サポートしやすさ
★★☆☆☆

サポート
1 個別に一声かける、絵
カードや見本を示すな
ど、視覚的手がかりを
増やす

サポート
2 活動自体に興味がない場合は、
別の役割を与える

サポート
3 活動時間自体の短縮のほか、作業
や発表など異なる活動を組み合わ
せてメリハリをつけるなどの工夫
をする

サポート
4 おもちゃが見えないよ
うに片づける、棚や窓
に目隠しの布やカーテ
ンをかける

サポート
5 苦手なものが音なら、音楽をかける時は
事前に伝える。イヤーマフやサングラス
など、対処グッズを使う

# 3 友達関係が うまくいかない

この年代は自分中心で、相手の気持ちを考えた行動は難しいもの。自分の気持ちが強く出すぎてしまうこともあります。

チェック
**1 自己中心タイプ**
（友達のおもちゃをとる、順番が待てない等）

チェック
**2 正義の味方タイプ**
（まるで先生のように友達を注意してしまう）

チェック
**3 誤学習タイプ**
（相手が嫌がっているのに気づかない）

使える子育てスキルはコレ！

スキル 1　事前に「見通し」を伝える （18ページ）

スキル 10　「マジックワード」でコミュニケーション上手 （27ページ）

スキル 12　ごめんなさいより「ふり返り」を一緒にする （29ページ）

友達の輪の中に入れないという子には大人のサポートが必要です。友達との関わり方の簡単なルールを決めたり、場に合った適切な言葉（マジックワード）を大人が耳打ちして教えるだけでも状況は変わってきます。

サポートしやすさ
★★☆☆☆

サポート
## 1 あらかじめルールを決める

トラブルは自由度が高い時間帯（自由保育の時間等）に起こりやすいので、事前に、困った時はどうする？相手の子のおもちゃが欲しくなったらどうする？　他で遊ぶ？　先生に相談する？などのルールを確認しておく。おもちゃなどを取ってしまったのに、うまく謝れない時は「ごめんなさい」を言わせるより、なぜそうしてしまったのか、「ふり返り」をすることが大切。

サポート
## 2 3 伝え方を工夫する

例えば、水遊びをしている友達を注意したい場合は「水よりブロックで遊ぼうよ」など、上手な言い回しを考えたり、先生にその子のことをこっそり伝えたりして、直球で注意しないのがコツ。遊びたい場合も同じで、「一緒にブロックしよう」「僕も一緒に入れて」など上手な誘い方がポイント。ちょっとした言葉選びで、世渡り上手スキルを上げることができる。

# ルールのある
# 集団遊びができない

集団遊びにはルールがあることが多いので、理解ができない、相手に合わせられない子には難度が高い場合があります。

**1** ルールの理解そのものが難しい

**2** ルールを理解していても
相手に合わせることが難しい

使える子育てスキルはコレ!

スキル
**1** 事前に「見通し」を伝える (18ページ)

スキル
**3** やることはわかりやすく「見せる」 (20ページ)

ルールの理解が難しい場合、設定を簡単にし、誰かと一緒に参加してルールを体感することで、少しずつ理解できるようにしましょう。相手に合わせるのが難しい場合は、事前に本人と見通しを立ててみては。

サポートしやすさ
★☆☆☆☆

### サポート 1 大人と一緒にルールを学ぶ 単純化する

鬼ごっこをする時に、大人と一緒に逃げる役や鬼の役をして体験しながらルールを学ぶ、逃げてもいい範囲を教室内に限定するなどのルールの見える化、単純化をする。ボール遊びなども同様に。

### サポート 2 見通しを立てる

事前に「鬼になっても3回目までは参加する」「困ったら先生に相談する」「1回参加したら、あとは好きな遊びをしてもいい」といった見通しを本人と一緒に決めておく。

# 5 一方的に話をする

一方的に話しても、大人が相手なら子どもに合わせてくれますが、
子ども同士だとうまく関われないことがあります。

**チェック**
**1** 空気を読むのが苦手
伝えたいことが
たくさんあるタイプ

**チェック**
**2** テンション
あげあげタイプ

---

**使える子育てスキルはコレ！**

 **スキル 1** 事前に「見通し」を伝える （18ページ）

 **スキル 7** 60秒ルール　増やしたい行動は「ほめる」
減らしたい行動は「スルー」 （24ページ）

42

サポートには、環境設定で工夫をする、本人がソーシャルスキルを身につけるなどが考えられます。基本コンセプトは「努力したところ、できているところを具体的に伝えてほめる」「減らしたい行動はスルー」です。

★★★☆☆

### サポート 1 話す時のルールを わかりやすく説明する

新聞紙などでマイクを作って、マイクを持っている人が話をする（話し手の見える化をする）、タイマーで時間を区切る、など。家庭ではタイマーを使うのがおすすめ。

### サポート 2 人の話を聞く練習をする

人の話を聞くことができるように、しりとりやなぞなぞ、相手の話を聞いた後でクイズに答えるなど、順番にやりとりする遊びをしてみる。他には、あえて気づいていないふり（スルーする）をしてみる。

# 自宅以外で話さない
# （場面緘黙）、吃音がある

家では普通に話すのに、外だとほとんど話さなくなる子もいます。
入園して気づくことが多いのが特徴です。

チェック
1 話さないタイプ

チェック
2 吃音がある
　タイプ

使える子育てスキルはコレ！

スキル
1 事前に「見通し」を伝える （18ページ）

スキル
6 「できた」で終わる （23ページ）

44

**ハッピー　サポート**

話さない場合も、吃音がある場合も、まずは家以外の場所や人と信頼関係を作ること。集団生活では、他の子どもは話さないこと・吃音について質問してくることがあるので、話しやすい環境づくりを目指しましょう。

サポートしやすさ
★★☆☆☆

### サポート 1 家族以外の人との信頼関係を築く

安心できる人・場所・やることの3つがそろって、初めて自分を出せるようになる。まずは話すことにこだわらず園の先生と楽しい時間を過ごして、信頼関係を作るのがよい。友達を自分の家（ホーム）に招いて好きな遊びをしてみるのもおすすめ。

### サポート 2 話しても大丈夫という環境づくりを

繰り返し（ぼぼぼぼ）やブロック（……）、引き伸ばし（えーえーえー）といった吃音が3歳頃から出てくる場合がある。吃音症といって2～4歳の子どもの5%ほどに認めるが、そのうち約4人に3人は小学校に入学する頃には自然に回復していく。小学校に入る頃に回復してこなければ、学校にある言葉の教室や子どもの言語聴覚士さんがいる病院に相談を。話し方について質問したり、真似したりする友達がいる場合には、注意ではなく「わざとじゃないんだよ」「しっかり聞いてあげようね」と対応する。

# 気持ちの切り替えが
# できない

大人も子どもも、トラブルが起きたり自分のイメージ通りにできないと、なかなか気持ちを切り替えられないことがあります。

<sup>チェック</sup>
**1** 相手がいる場合
（他者巻き込み型）

<sup>チェック</sup>
**2** 自分の納得がいかない場合
（自己発火型）

## 使える子育てスキルはコレ！

 **スキル2** 「エリア化」してわかりやすくする （19ページ）

 **スキル5** 「まあいいか」と思う （22ページ）

場所・活動を変える、一人で過ごす、時間が経つ。これらが気持ちを切り替えるきっかけに。事前に「うまくいかないこともある」と想定しておいて「そんな時にはこうしよう」と作戦を立てておくと、何とかなるものです。

サポートしやすさ
★☆☆☆☆

サポート
**1 場所や活動内容を変える**

サポート
**2-1 一人で過ごす**

サポート
**2-2 時間が経つのを待つ**

手を洗ったり、水を飲んだり他のことをしながら過ごす。そうすることで「まあいいか」と思えるようになる。

気長に構えることがポイントだね

おなか
すいたな…
グー

47

# 初めて経験することや 変化が苦手

8

入園後は初めての経験がたくさん。子どもによっては、初めてのことが苦手だったり変化についていけない場合があります。

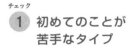

**1** 初めてのことが
苦手なタイプ

**2** 変化が苦手なタイプ

**3** 自信がないタイプ

---

**使える子育てスキルはコレ！**

**スキル 1** 事前に「見通し」を伝える （18ページ）

**スキル 3** やることはわかりやすく「見せる」 （20ページ）

ハッピー
サポート

「初めて」や「変化」は大人でもドキドキするものですが、子どもたちもそれは同じで、何が起きるのか不安に思っているはずです。これから先の見通しを立てて、安心させてあげましょう。

---

サポートしやすさ
★★★★☆

### サポート 1 事前に内容を伝える 練習する

発表会や運動会は、練習したり過去の動画を見たりしておくとよい。事前に内容や流れを把握して「知っている」「できる」を増やしておくと「大丈夫」が増える。宿泊訓練などはホームページやストリートビューなどで予習しておくのがおすすめ。

### サポート 2 変化を小さく 安心は大きく

子どもにとっては、クラス替えや担任の先生が変わる時、または、運動会や発表会で保護者の方が見に来ている時は不安な場面。雰囲気が変わると、できていたことができなくなる子も。可能な範囲で変化を減らす、事前に先生と会う、過去の運動会や発表会の動画を見て予習するなど、変化を小さく安心は大きくしておく。

### サポート 3 苦手を大丈夫に 変えておく

縄跳びが苦手、楽器が苦手、制作が苦手など、自信がなくてチャレンジできない子もいる。事前に活動内容がわかっていたら、先生や保護者の方とこっそり練習をして、少しでも苦手を大丈夫に変えておく。

49

# 負けず嫌い、
# 何でも一番になりたがる

誰でも「一番」はうれしいものです。でも、負けた時にそれを
受け入れる気持ちを持つことが大切です。

チェック
**1** 一番病タイプ

チェック
**2** 負けることを
　　想像していないタイプ

**使える子育てスキルはコレ！**

スキル
**5** 「まあいいか」と思う （22ページ）

スキル
**8** 「ポジティブ」なイメージで
　　「シンプル」に伝える （25ページ）

じゃんけんや簡単なカードゲームなどで日頃から負けることを積み重ねること。そのうち、怒らずに「まあいいか」と思えるようになってきます。負けることもあると想定させるのも一案です。

サポートしやすさ
★★★☆☆

#### サポート 1 「負けてもいいか」と思えるように経験を積む

「一番になりたい、勝ちたい」という気持ちを持っていること自体はよいですが、ふるまい方（特に負けた時）が大切。じゃんけんで負けたら、鬼ごっこで鬼になったら、「次、頑張る」「次は負けないもん」など「かっこいい（かわいい）」敗者になれるよう勝負事の前に作戦を立ててみる。

#### サポート 2 「負け」があることを伝える

勝負事には勝ち負けがついて回るのに、実は負けることを最初から想定できていない場合がある。勝負事の前に「負けることもあるよ」「でも次に頑張れば大丈夫だよ」とポジティブに具体的に伝えるのがよい。

# 制作物や身支度に時間がかかる

制作物が完成しない、給食が食べ終わらないなど、周りにペースを合わせられない場合があります。

<blockquote>
**チェック**
① 不器用タイプ
</blockquote>

<blockquote>
**チェック**
② 理解できていないタイプ
</blockquote>

<blockquote>
**チェック**
③ 他に気が
とられているタイプ
</blockquote>

<blockquote>
**使える子育てスキルはコレ！**

 **スキル6** 「できた」で終わる （23ページ）

 **スキル11** 「好きなこと」を活かす （28ページ）
</blockquote>

対策は「好きこそ物の上手なれ」です。苦手意識が
なくなるくらい楽しい、手先を使う活動を探して練習
してみましょう。基本コンセプトは、「楽しくできる」
「"できた"で終わる」です。

サポートしやすさ
★★☆☆☆

### サポート
## 1 興味のあることで練習する

もともと手先や体の使い方が不器用な子もい
るので、車好きの子なら新聞のチラシやフリー
ペーパーをハサミで切り取り、ノートに貼っ
てオリジナル車図鑑を作ったり、お料理好き
の子ならパンづくりや野菜ちぎりなどの家事
手伝いをしたりするとよい。

### サポート
## 2 お手本を見せる

やることが理解できていない場合、わか
りやすく見える化・リスト化したり、お
手本を見せたり、一緒にやってみる。一
緒にやった場合、本人ができそうなとこ
ろを任せてみて「できた」を増やしてい
き、徐々にフェードアウトをする。

### サポート
## 3 気が散るものは取り除く

席の配置（しっかり者の子を周囲に配置
する、先生の前の席にする、家庭だとテ
レビやおもちゃが目に入らない席にする
等）などで気が散る原因を取り除く。

# 発達の遅れや偏りって何？

　どの子も生まれ持った個性があり、発達の仕方も異なります。発達がゆっくりだと言われたり、発達に偏りがあるかもしれないと感じた時、誰でも心配になりますよね。

　"発達の遅れ"は多くの子どもの平均発達データと比較して、発達ペースがおおむね70％を下回る場合、例えば平均的には1歳前後に「パパ、ママ」などの単語を話し始めたり、指さししたり、歩き始めたりしますが、1歳6か月になっても単語を話さない、指さししない、歩かない場合、"発達の遅れ"があると判断します。つまり、平均的な母集団と比較しての全体的な発達の判断です。

　"発達に偏り"があるとは、子どもがその年齢でできている発達項目、例えば、1歳6か月のA君が、ある項目（走る、二語文を話す）は2歳くらいの発達段階で、別の項目（指さししない、真似しない）は1歳前の発達段階であったりすると、"発達に偏り"があると判断します。つまり、個人内の得意・不得意の差を見た発達の判断なのです。

# Part 3

## 児童の「困った」「悩み」をサポート

小学校入学後は、クラス単位で動くことが多く、先生の指示を聞く力や子ども同士のコミュニケーション力が必要になってくるでしょう。勉強も始まり、友達との違いを意識する場面も出てきます。

# 11

## 朝の支度に時間がかかる

朝は限られた時間の中で決められたルーティンをこなさなくてはならないので、親子ともにイライラしがちです。

チェック
**1** ボーッとしているタイプ

チェック
**2** 気が散るタイプ

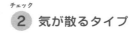

チェック
**3** やることが
わかっていないタイプ

---

**使える子育てスキルはコレ！**

スキル
**3** やることはわかりやすく「見せる」 (20ページ)

スキル
**4** 気が散るものは「かくす」 (21ページ)

ハッピー
サポート

まずは、時間がかかる理由を考えましょう。自転車に乗る練習と同じで、最初は伴走してあげて、徐々に手を離して自分で乗れる（支度ができる）ようにしていきます。やるべきことは「見せる」、必要ないものは「かくす」がポイントです。

サポートしやすさ
★★☆☆☆

### サポート 1 睡眠をしっかりとる

まずは睡眠リズムを整える。起床したらカーテンを開けたり、電気をつけたりして部屋を明るくする。お気に入りのノリの良い曲をかけてみるのもおすすめ。

あっこの音楽すき

### サポート 2 支度ができる環境を整える

おもちゃやテレビなど注意がそれる原因を取り除く。それでも気が散る場合は、最初のうちは一緒にやって一連の流れを体で覚えさせる。

モグモグ

おきがえ上手!!
次はズボンね
おきがえ、
おきがえ、
おきがえ、

### サポート 3 手順表などを準備する

やることリストや手順表などを準備する。持ち物は数で覚える（①ランドセル、②水筒、③給食セット……全部で３つ等）と確認しやすい。一緒にやって、何となく自分でできた感を持てるように仕立てる。

# 登校を渋る

学びの場の学校ですが、先生や友達などの人間関係や学習面、
運動面などでしんどさを抱える子も少なくありません。

チェック
1 学校の居心地が悪い
家の居心地が良い

チェック
2 普段と様子が違う

使える子育てスキルはコレ！

スキル
11 「好きなこと」を活かす （28ページ）

ハッピー
サポート

家と学校の居心地を天秤にかけた時、学校も結構楽しいと思えるようにしてみましょう。気持ちの天秤が"家"に傾いていると状況は改善しません。まずは、本人の言葉をよく聞いてあげてください。

サポートしやすさ

★★★☆☆

サポート

### 1 学校と家を天秤にかけてみる

天秤が"学校"に傾くように操作できるところを探す。気持ちの天秤が"家"に傾いていると状況は改善しないので、行きたくない要因を知るようにする。他には、学校で子どもの「好きなこと」を活かせるように先生に協力してもらうという方法もある。得意なことで活躍できると、それが学校を好きになるきっかけとなる場合もある。

サポート

### 2 いじめがないか様子を見る

本人の様子で食欲がない、無気力、不安で眠れないなど、抑うつ的な症状がある場合は、学校の先生と相談する、あるいは病院を受診する。場合によっては、他の選択肢(転校や転籍、適応指導教室やフリースクールの利用、内服、入院治療等)も考慮する。

# 13 登下校時の トラブルがある

登下校時は、保護者や先生など大人の目が行き届きにくく、自由度も高いため、様々なトラブルが起こりやすい時間帯です。

<sup>チェック</sup>
**1** マイペース
（注意の問題）

<sup>チェック</sup>
**2** 友達と喧嘩する
（社会性の問題）

<sup>チェック</sup>
**3** 集団のスピードについていけない
（運動能力の問題）

<sup>チェック</sup>
**4** そもそも集団登校のルールが
わからない（理解の問題）

---

**使える子育てスキルはコレ！**

<sup>スキル</sup>
**1** 事前に「見通し」を伝える （18ページ）

<sup>スキル</sup>
**3** やることはわかりやすく「見せる」 （20ページ）

**ハッピーサポート**

なぜ問題が起きるのかは、子どもによって色々な
パターンが考えられます。危なくないように「歩く」
ということから注意がそれていませんか？　登下校
のルールをわかりやすく書いて伝えるのも効果的
です。

---

サポートしやすさ

★★★☆☆

### サポート 1　歩くことに注意を向ける工夫をする

例えば、隣の子と手をつなぐ、横断歩道では❶一旦止まる、
❷左右を確認する、❸車が来ていなければ渡る、など手順
に番号をふって伝えて体に染み込ませる、注意がそれやすい
コース・時間はあらかじめ避けるなどが考えられる。

### サポート 2　時間やコースを友達とずらす　集団登校なら、班の中で　友達と距離をとる

### サポート 3　体力的な問題もあるので、少し早めにスタートする、途中まで送ってから友達と合流する

### サポート 4　ルールの見える化

箇条書きのリストを作って、登下校のルールを
わかりやすく伝える（〇〇君の後ろについてい
く、寄り道はしない等）。

## 授業中にじっと
## 座っていられない

**14**

授業中の状態を知るために、先生との連携が不可欠になる場合も。簡単な連絡方法などを検討しましょう。

チェック
**1** 授業が理解できない

チェック
**2** 授業内容に
興味が持てない

チェック
**3** じっとしていることが
難しい特性を持っている

チェック
**4** 他に気になること
心配事がある

---

使える子育てスキルはコレ！

**スキル 1** 事前に「見通し」を伝える （18ページ）

**スキル 13** 「役割」を与える （30ページ）

理解レベル、興味、発達特性、その他の心理・環境要因など、授業中に座っていられない原因を特定し、それに応じた対処をすることが必要です。

サポートしやすさ
★★☆☆☆

### サポート 1 "知ってる"を増やす

子どもの能力や現在のレベルに合った課題であるか見直してみることが重要。家で事前学習して知っていることを増やしてあげても。

### サポート 2 環境を整える

先生にお願いして授業内容に変化をつけてもらう。それが大変な場合は、前のほうの席に移動して先生がさりげなく声かけできるようにする。

### サポート 3 動きのある授業をする
### 待っている間の指示を出しておく

座って話を聞く場面だけではなく、グループで活動したり前に出てきて発表したりといった動きのあるものを授業に盛り込む工夫をする。また、授業中の作業が早く終わった場合、待っている間にやっていてよいこと（本を読む、ノートに絵を描く、宿題をやる等）を指示しておく。

### サポート 4 広い視野で検討

子どもたちは環境の変化に敏感なので、それまで座って授業に参加できていた子が、それが難しくなったとしたら、家庭の中の問題や友達関係など背景に心配ごとはないか、広い視野で検討してみることが必要。

# 15 授業中に独りごとを言う

独りごとを言う子を注意するよりも、静かに聞いている子をほめることで今やるべき行動が明確になります。

チェック

**1** 授業に関係のあるおしゃべり

チェック

**2** 授業に関係のないおしゃべり

使える子育てスキルはコレ！

スキル 7　60秒ルール　増やしたい行動は「ほめる」減らしたい行動は「スルー」(24ページ)

スキル 14　「ごほうび作戦」を立てる (31ページ)

ハッピー
サポート

独りごとで授業の妨げとなってしまう場合、自分で気づけるように促したり、良い行動が少しでもできていたら60秒以内にほめるなど、注意ではなく"今ここ"に戻してあげる声かけをしていきましょう。

---

サポートしやすさ
★★★☆☆

### サポート 1-1 意識づけをする

独りごとが出ていることに気づかせる、例えば、子どもの肩を先生がさりげなく触れることをサインとして行う。

### サポート 1-2 代替行動を探す

別の習慣づけをする。例えば、考えていることをノートにメモする。

### サポート 1-3 対立行動を探す

両立しにくい行動づくりをする。例えば、音読する場面を入れて切り替えるなど。

### サポート 2 注意を促す

自分の世界に入るなど他に注意がそれる前に声をかけたり、役割を与えたりして注意集中を促し、予防する。他にも、授業中おしゃべりゼロの目標を決め、できたら○を予定帳などにつけてもらう。○の数で、家族からごほうびをもらえるように設定する。

# 姿勢が崩れやすい

ただ座っているだけが難しい子や、体幹トレーニングが必要な子もいます。環境を整える、睡眠をとることも大切です。

<sup>チェック</sup>
① じっとしているのが苦手

<sup>チェック</sup>
② 体の使い方が不器用

---

**使える子育てスキルはコレ！**

 <sup>スキル</sup>**1** 事前に「見通し」を伝える （18ページ）

 <sup>スキル</sup>**4** 気が散るものは「かくす」 （21ページ）

 <sup>スキル</sup>**13** 「役割」を与える （30ページ）

ハッピー
サポート

姿勢が崩れやすいのは、じっとしているのが苦手、体の使い方が不器用という２つの理由が考えられます。先の見通しを伝えてその時間までは頑張るように励ましたり、体幹をトレーニングしたり、環境を整えたりと、それぞれに合った対応をしましょう。

サポートしやすさ
★★★★☆

サポート
**1-1 時間の見通しを伝える**

サポート
**1-2**
**動いてもいい**
**役割を与える**

このプリントをくばってください

ハイ！

あとらっぷで休憩だよ

あら…ちゃんとやってるのか…

えーと ふむふむ

サポート
**1-3**
**やることをやっていれば**
**姿勢が多少崩れても**
**よしとする**

宿題をする手が動いていればいいなど。

マンガはむこうへ置いておこう…

どすこ〜い

サポート
**1-4**
**環境を整える**

他に注意を引いてしまいそうな物があったらしまっておく。

サポート
**2 体幹トレーニングをする**

相撲でがっぷり四つに組んだり、綱引き遊びをしたり、忍者ごっこなどでほふく前進したり、バランスボールでバランス遊びをしたりなど。椅子の高さや座面の調整（股関節と膝関節・足首が90度ずつになる）をするのもよい。

# 17

# 集中力がない、集中力にムラがある

ゲームは何時間でも集中してやっているけれど、興味のない課題には集中しない、取りかからないのは困りますね。

**チェック**
**1** 課題に興味がない

**チェック**
**2** 他に注意がそれやすい

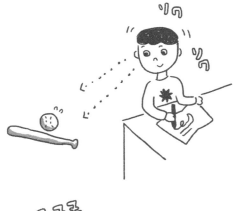

**チェック**
**3** 本人の心身の不調

---

**使える子育てスキルはコレ！**

| | |
|---|---|
| スキル **2** | 「エリア化」してわかりやすくする （19ページ） |
| スキル **4** | 気が散るものは「かくす」 （21ページ） |
| スキル **14** | 「ごほうび作戦」を立てる （31ページ） |

5分くらい課題をやって1分休憩（トイレや飲み物で）するなど子どもの集中力が切れる前に休憩や気分転換を入れていくインターバル法や、課題を始める前に環境を整えるという方法があります。

サポートしやすさ
★★★☆☆

## サポート 1 ごほうびを魅力的にする

具体的には、「宿題が終わったらゲーム30分ゲット」「ポイント制の導入でポイントが貯まったら週末300円分お菓子を買える権利がもらえる」など。欲しい物が手に入るならばと、子どものモチベーションもUP。事前学習（動画や学習マンガ等）で興味を持つきっかけを作る。

## サポート 2 環境設定をする

学校では、席を前のほうにして先生と黒板しか見えない状況にする。周囲の友達を集中力のある子にしてもらう、掲示物をなるべく減らしてもらうなどの工夫を。

## サポート 3 生活リズム、環境面、情緒面での安定を優先

睡眠や暑さ・寒さといった外的環境面、家族と喧嘩した後などの情緒面でのケアを。

# 板書や音読が苦手

板書をしない以外にも、音読・書き取りに時間がかかる、字の間違いが多いなどの場合は子どもが困っているサインです。

<sub>チェック</sub>
**1** 授業への関心の問題
（わからない、興味がない等）

<sub>チェック</sub>
**2** 注意集中の問題
（他に注意がいく等）

<sub>チェック</sub>
**3** 読み書きの問題
（読めない、書けない等）

---

**使える子育てスキルはコレ！**

<sub>スキル</sub>**1** 事前に「見通し」を伝える （18ページ）

<sub>スキル</sub>**6** 「できた」で終わる （23ページ）

img_1
ハッピー
サポート

まずは、問題や課題に一緒に取り組んであげましょう。家庭だけではサポートが難しい場合、早めに学校の先生と相談して、子どもが自信や興味を保てるようにしましょう。

（ サポートしやすさ ）

★★★☆☆

サポート
## 1 -1 つまずきを探す

学校のテストや宿題の理解度から、本人の様子（黙読はできるが音読は苦手など）も参考に、どこにつまずきを感じているか探す。

サポート
## 1 -2 できたらほめる

できて当たり前と思える問題でも、「この子にとっては難問」と思って、1問ずつほめてあげて、わかる喜びを体感させる。「できた」という気持ちを持つことが大切。

サポート
## 2 サポート方法は
68、69 ページ参照

サポート
## 3 読み聞かせをする

読むことが苦手な子には、代わりに文章を読んであげたり、デジタル教科書を使ったり、初めての単元では教科書の読み聞かせをしてあげたりする。下敷きなどで読んでいる下の行をかくしてわかりやすくする。書くことを最小限にするためにプリントを用意したり、自分だけわかればよい場合は略語を使う（算数→さ、国語→こ、など）。

# 勉強についていけない

授業のペースについていけなかったり、得意不得意の差が大きかったり、集中力が欠けていたり、理由はいくつかあります。

**チェック 1** 能力ミスマッチタイプ

**チェック 2** 読み書き困難タイプ

**チェック 3** 興味の偏りタイプ

**チェック 4** 集中困難タイプ

使える子育てスキルはコレ!

**スキル 3** やることはわかりやすく「見せる」(20ページ)

**スキル 6** 「できた」で終わる (23ページ)

勉強内容を定着させるには繰り返し根気強く復習することになるかと思いますが、ただ勉強するだけだと子どももやる気が出ません。わかりやすく伝えること、できたという達成感を持たせるのがコツです。

サポートしやすさ
★★☆☆☆

サポート
### 1 繰り返し復習する

一生懸命やっていても、"かけ算はやっとできてきたのに、次の単元(割り算)を習ったら、またかけ算ができなくなった""単純な計算はできるけど文章題が苦手"というように、授業の進むペースに本人の理解が追いついていない子もいる。そんな時は、学校や家庭などで個別指導を行い、繰り返し根気強く復習するのがよい。勉強では3歩進んで2歩下がるのはよくあること。勉強がイヤ、楽しくないとなるとその後のモチベーションに大きく影響するので、本人のやる気を大切に。

サポート
### 2 読み書きしやすくなるように工夫する

本人も"周りの人はスラスラ読めているのに私はダメなのだ"と落ち込み、保護者の方から"やる気がない"、と思われていることが多い。P71(項目18)の③を参考に。

サポート
### 3 予習をしてみる

"理科や算数は得意だけど、国語や英語は苦手""社会の中でも戦国時代は得意だけど現代社会は苦手"などのように興味のある分野は長けているけれど、その他がついていけていない子どももいる。P63(項目14)の①や、P69(項目17)の①を参考に。

サポート
### 4 環境を整える

授業中に寝たり、運動場を眺めたり、授業を聞いていないタイプの子もいる。能力がある子は小学校低学年のうちは何とかなるが、小学校高学年あるいは中学校になると途端についていけなくなる。P63(項目14)の②を参考に。

# 20 グループ学習が苦手

どこにつまずきがあるかを考えると、聞く・話すスキル、理解や知識など、練習すべきことや手立てが整理されます。

チェック
**1** マイペースタイプ

チェック
**2** 自分の意見を
通したいタイプ

チェック
**3** 遠慮タイプ

---

**使える子育てスキルはコレ!**

スキル
**10** 「マジックワード」でコミュニケーション上手 （27ページ）

スキル
**13** 「役割」を与える （30ページ）

グループ学習は得意分野を担当できるとスムーズに。まとめるのは苦手だけど発想は豊か、話すのは苦手でも聞いて整理することは得意、文にまとめたり作図するのが好きなど、得意と苦手を見極めましょう。

サポートしやすさ
★★★★★

### サポート 1 「役割」を与えてやる気をアップ

グループ学習中なのに教科書に落書きしたり、筆記用具で遊んでいたりして参加しないマイペースタイプの子の場合は、あらかじめ家や学校で大人と一緒に予習して興味を持ちやすくする。参加していない時には先生が本人の興味を引き出す声かけや仕掛けをしたり、本人ができそうな役割を与えたりしてみて。

### サポート 2 「なるほど」「いいね」と言えるようにする

自分の意見を押し通したり、自分の意見が通らないと怒る子の場合は、事前に"意見が通らないこともある、意見が通らなくてもまあいいかと思って譲る"などの見本となる行動モデルを伝えるとよい。聞き上手になれるように"なるほど""いいね"といった肯定的な言葉を保護者が意識して使うと、子どもにもそれが伝染する。

### サポート 3 考えや意見をメモしておく

人前だと自分の意見が言えなかったり、言葉足らずでうまく伝えられなかったりする子も。グループ学習をすることがわかっていたら、自分の考えや意見をメモしておき、それを口に出して伝えることができそうになければ友達に見せるのもあり。"はい／いいえ""賛成／反対"で答えられる質問形式・手あげ方式で意見を表明できるようにするのもよい。

# 絵を描くのが苦手

よくあるのは、画用紙に絵の全体像を描ききれない、目の前に
あるものは描けるのに、ないものは描けないなどです。

<sup>チェック</sup>
**1** **全体把握が苦手**
（空間認知が苦手）

<sup>チェック</sup>
**2** **イメージするのが苦手**
（想像するのが苦手）

使える子育てスキルはコレ！

<sup>スキル</sup>
**3** やることはわかりやすく「見せる」 （20ページ）

<sup>スキル</sup>
**6** 「できた」で終わる （23ページ）

76

本人なりに達成感（"できた"で終わる）を味わえると次の意欲（成長マインド）につながるので、どんな作品であれ、いいところ探しをして、感想を伝えてあげてください。

サポートしやすさ
★★★★★

こんな絵を描くのはどう？歩いてるみたいでしょ？

わ

サポート
## 1 全体像をイメージする

画用紙からはみ出す絵も個性的で◎。ただ、本人が気にしている場合や、どうしても全体を描く必要がある場合は、画用紙に鉛筆で薄く全体の仕上がり線を入れ、部分ごとのおおよその割合がわかるようにする、手順を大人がお手本として見せる、完成予想図や写真を見せる、などするとよい。

そうだひこうきを作ろう！

広くてね、空がキレイで、あと、大きな○○○もあって、それで

どんな場所だったの？

サポート
## 2 事前にイメージさせる

描くこと、作ることがわかっていれば、家で一度一緒にやってみる。また当日、イメージしやすいように写真を持っていく、あるいは先生から見せてもらう。写真がなくても子どもに「一番の思い出は？」「誰と遊んだ？」「何があった？」「何をした？」などイメージが具体的になるための絞り込み質問をして、出てきた言葉をリスト化する。

# ちょっとしたことで
# パニックになる

急な予定変更で、大声で怒ったり泣いたりすることも。
それは子どもが気持ちを切り替えるために頑張っている証拠です。

チェック
**1** 楽しみにしていたこと
の延期

チェック
**2** 学校での予定の変更

チェック
**3** 自己発火タイプ

使える子育てスキルはコレ！

**スキル1** 事前に「見通し」を伝える （18ページ）

**スキル5** 「まあいいか」と思う （22ページ）

予想できる変更は見通しを伝えて、心の準備ができるようにしてあげるとパニックも半減します。予想できないことでも、普段から「まあいいかトレーニング」をしたり、うまく切り抜けるコツを提案してあげたりすることで、少しずつ切り替え上手になっていきます。

サポートしやすさ
★★★★☆

サポート
### 1 見通しを伝える

心の準備ができるようにしてあげるとパニックは半減する。想定外を想定内にする、事前に予想できることは対処方法も事前に想定するのがポイント。

サポート
### 2 気持ちの切り替えスキルとして、「まあいいかトレーニング」をする

普段からゲームや遊びの中で気持ちの切り替えを行う（例えば、家でトランプ遊びをする時に「負けてもまあいいかと思う」「負けたら相手をほめる」など事前に目当て〈目標〉を決めて遊ぶ等）ことが大切。

サポート
### 3 気持ちをリセットする

書き取りで納得いかなくても書けたらOKにする、宿題で間違えても「明日提出します」と先生に伝える、などの対処方法を教える。パニックになったら、落ち着く方法（水を飲む、トイレに行く等）を提案する。

# 「空気が読めない」と
# 相手に感じさせてしまう

暗黙のルールが苦手だったり、思ったことを直球で言ったりと、
人との関わりがうまくいかない場合があります。

チェック

**1** 伝え方苦手タイプ

**2** 目に見えないもの
苦手タイプ

使える子育てスキルはコレ！

スキル **8** 「ポジティブ」なイメージで
「シンプル」に伝える （25ページ）

スキル **10** 「マジックワード」でコミュニケーション上手 （27ページ）

空気が読めないタイプの場合は、聞き上手・ほめ上手になる練習をしてみましょう。ネガティブワードをポジティブワードに変えて、"素敵" "かっこいい" "かわいい" "私の好み" などの言葉を徐々に習得してみましょう。

サポートしやすさ
★★★★☆

### <sup>サポート</sup>1 心の中でつぶやく練習もする

世渡り上手のコツ（ソーシャルスキル）を身につけるために、まずは "いいねと思ったところは伝える" "いいねと思ったところ以外のマイナス要素は心の中でつぶやく" を意識するとよい。学校では先生、家庭では保護者の方がお手本を見せると、"いいところ探し" の文化が根付く。

### <sup>サポート</sup>2 わからない場合は聞く、マネをする

「10時に昇降口に集合です」と先生に言われて、10時ピッタリに行くと「5分前行動しなさい」と怒られる場合もある。実際、先生が "9時55分に集合" と言うことは少ないので、その先生の暗黙のルール "5分前行動" をインプットしたり、友達に「9時55分集合でいい?」と確認したり、とりあえずわからない時は信頼できる友達に聞く、その子の行動を見て行動する、といった世渡り上手のコツ（ソーシャルスキル）を覚えると便利。

# 冗談や皮肉を言われても通じない

言われたことを何でも真に受けて、落ち込んだり、怒ったり。
トラブルになってしまう子もいます。

**① 敏感タイプ**
（真に受けてすぐに落ち込んだり、
　怒ったりする）

**② 鈍感タイプ**
（気づかない）

---

**使える子育てスキルはコレ！**

 **スキル1** 事前に「見通し」を伝える （18ページ）

 **スキル5** 「まあいいか」と思う （22ページ）

冗談や皮肉を言われた後の反応タイプ別に、対処方法を準備・練習しておくことをおすすめします。家では冗談や皮肉を言わないようにしてみたり、「冗談だけど……」という枕詞をつけて言う方法もあります。

サポートしやすさ
★★★★☆

お母さんが勝っちゃうよ〜!!

ふっふっふ

えー

## 1 アンガーマネジメントをする

友達が言ったことを真に受けて怒ってしまう子の場合は、アンガーマネジメントをする。嫌なことを言われても「まあいいかと受け流せるといいね」、もしどうしても我慢できなかったら「その場を離れて、先生のそばに移動できるといいね」など事前に振る舞い方を伝えておくとよい。「まあいいかトレーニング」をする。家でトランプやウノなどをする時間を設けて、始める前に「どんな状況になっても、まあいいか、次がある、次はできる、と思う」「笑顔でいる」といった目標を作ってみる。

## 2 ソーシャルスキルを鍛える

本人は気づいていないけれど、周囲から見て"これは冗談では済まない、これはいじめだ"と考えられる場合も。周囲の大人がアンテナを張って、気になる言動があったら本人にも相手の子にも言葉の持つ意味を伝えて修正する。本人のソーシャルスキル向上のため、相手との会話をふり返り、次に同じ状況になったらどうするか、具体的に決めておく。

次はその日に返してもらうようにお友達に伝えようね。

カラッポ

えんぴつろっても貸したんだよ?

# 緊張しすぎる、黙ってかたまってしまう

初めての状況や大勢の人の前で話す時、声がふるえる、
声が出せないというようなことがあるかもしれません。

**チェック 1** 発表などの際に
声がふるえる

**チェック 2** 字を書く時に手がふるえる

$30 - 8 = 22$
$23 - 15 =$

**チェック 3** 特定の状況で
緊張が強くなり
話せなくなる、
かたまってしまう

---

使える子育てスキルはコレ！

**スキル 1** 事前に「見通し」を伝える （18ページ）

**スキル 8** 「ポジティブ」なイメージで
「シンプル」に伝える （25ページ）

緊張が強い場合には、信頼できる友達や先生に緊張していることを伝えると落ち着いてくる場合があります。普段はおしゃべりできるのに集団場面や特定の状況で緊張が強くなり話せなくなる、かたまってしまうという子も。これは「場面緘黙」という症状で、不安障害の一種です。

サポートしやすさ
★★☆☆☆

サポート
**1 2 緊張を正直に伝える**

緊張を否定せずに眺めてみる。信頼できる友達や先生に「緊張している」「心配なの」と素直に話す、発表の前に「今、緊張していますが」と言ってしまうと落ち着いてくる場合もある。一人だと緊張してしまう場合は、二人組や三人組で発表してもよい状況にしたり、話さなくても書いたものを皆に見てもらったり、選択肢を選ぶ形にしたりして、ハードルを下げてあげる工夫を。事前に「うまく発表できなくても大丈夫」「友達と一緒に発表するから大丈夫」と緊張をほぐす声かけもあると安心できる。

サポート
**3 見通しや予定を伝える**

事前に見通しや予定を伝えたり、予習してきたことをノートに書き留めておいてそれを見てもよいことを伝える。それでも不安になったら、"深呼吸する""水を飲みに行く""肩をトントンする"などして気持ちを落ち着かせて。場面緘黙の場合は、話すことを強要して待ち続けたり叱ったりせず、話すこと以外のうなずきや首振り、アイコンタクト、指さし、筆談、小声で耳打ちなど、その子にとって可能な方法での意思表示を保証することが大切。

参加の仕方を
考えるといいね！

# 26 物を失くす、整理整頓ができない

他に注意が向くことで物を失くしてしまったり、大切な配布物でも無頓着に無造作に扱う子もいます。

チェック **1** 不注意タイプ

チェック **2** 無頓着タイプ

使える子育てスキルはコレ！

 スキル **2** 「エリア化」してわかりやすくする （19ページ）

 スキル **3** やることはわかりやすく「見せる」 （20ページ）

物を失くす場合は、お気に入りのキャラクターがついたファイルの中にしまったり、失くした後でも戻ってくるように名前を書きましょう。整理整頓は、何をどこにしまうのかをエリア化してわかりやすく。

サポートしやすさ
★★★☆☆

### サポート
### 1 決まった「エリア」にしまう

学校で先生からプリントを受け取った前後で友達に声をかけられ、プリントをどこに入れたのか忘れてしまう、学校帰りに公園で猫を見かけて追いかけているうちに水筒をどこかに置いてくる、など他に注意がいって物を失くしてしまう子もいる。決まった場所にしまうことを決めて、失くしにくい環境（プリントはとりあえずお気に入りのクリアファイルに全部入れる、水筒はカバンの中あるいはたすき掛けにしておく等）を作ることが大切。

### サポート
### 2 大切なものにしまう

配布物はお気に入りのクリアファイルに入れたり、水筒も自分で選んだお気に入りのものにしてあげると、大切にしようと意識するようになる。整理整頓も本人が意識するお道具箱（ピッタリハマると気持ちいい、デザインやキャラクターが好きな箱等）にしてみるのがおすすめ。

# 27 運動が極端に苦手

体の使い方が不器用な子や、初めての運動が不安でやろうとしない子がいます。ここではサッカーが苦手な場合を説明します。

チェック
**1** ボールの扱いが苦手

チェック
**2** 監督やコーチの指示を
理解するのが苦手

チェック
**3** ポジショニング
（どこに動いたらいいのか）
が苦手

使える子育てスキルはコレ！

 スキル **8** 「ポジティブ」なイメージで
「シンプル」に伝える （25ページ）

 スキル **11** 「好きなこと」を活かす （28ページ）

 スキル **13** 「役割」を与える （30ページ）

苦手意識を持つと「成長マインド」が育ちません。
まずは「運動が楽しい」と思ってもらえるよう、それ
ぞれに合ったアドバイスをしていきましょう。

サポートしやすさ
★★☆☆☆

サポート
**1-1　得意を伸ばす**

ポジションを変更したり、他のスポー
ツ（例えば陸上や水泳、体操といっ
た個人種目）を選択したりする。

サポート
**1-2　苦手を底上げ**

楽しくボール遊びするほか、四つ這い競争や
ほふく前進など体幹トレーニングをする、"コ
グトレ"という自分の体を意識しながら行う
体操をしたり、鏡を見ながら体を動かしたり
するトレーニングもおすすめ。

サポート
**2　指示の出し方の変更**

「キーパーと10番の選手の間」など、具
体的でわかりやすい指示を出す。お手本を
見せる。

サポート
**3　空間認知を向上させる**

動きのパターンを教える。観客席や撮影した
動画などから全体を見て、空間をイメージする
練習をする。

# 休み時間や放課後に、いつも一人でいる

いつも読書しているなど、一人が落ち着く子もいますし、
仲間に入りたいけれど入れないタイプの子もいます。

**チェック**
**1** 一人を好むタイプ

**チェック**
**2** 友達関係スキル
苦手タイプ

---

**使える子育てスキルはコレ！**

**スキル 10** 「マジックワード」でコミュニケーション上手 （27ページ）

**スキル 11** 「好きなこと」を活かす （28ページ）

相手とうまくコミュニケーションをとれるように、「いいね」「すごいね」などの言葉を使って友達と関われるようにしてみましょう。自分の好きな習い事なら自然と会話も広がり、友達との関わりもスムーズに。

サポートしやすさ

★★★☆☆

### サポート 1 一人の時間を楽しむのもよい

読書や絵を描くのを本当に楽しんでいて、一人を好むタイプの子の場合、自由時間・休み時間の過ごし方は自由なので、そのままそっとしておくのがベター。授業などで皆と一緒に活動する時に参加できていれば大丈夫。「いいね」「上手だね」など相手とうまくコミュニケーションをとれる言葉を使って、少しずつ友達と関わっていくのもよい。

### サポート 2 好きなことを活かして友達づくりを

仲間に入れてほしいけどうまく入れないタイプの子の場合、友達関係スキルが向上するよう、しばらくは先生に仲介役になってもらったり、仲良しの友達が一人でもいる時はその子に誘ってもらったりするのもよい。低学年の間は保護者の方が、家でも友達と一緒に遊ぶ時間を作るのがおすすめ。好きな習い事（スポーツや絵・音楽・将棋等）を通して学校以外の知り合いを作り、友達関係スキルの向上を目指してみては。

# 29 同じことを
# 何度も確認する

不安が強すぎて何度も確認したくなる子、こだわりを崩したく
なくて何度も確認してくる子がいます。

<sup>チェック</sup>
**1** 不安タイプ

<sup>チェック</sup>
**2** こだわりタイプ

---

**使える子育てスキルはコレ！**

 <sup>スキル</sup>**5** 「まあいいか」と思う （22ページ）

 <sup>スキル</sup>**8** 「ポジティブ」なイメージで
「シンプル」に伝える （25ページ）

ハッピー
サポート

確認行動は不安タイプの子どもに多く、何とかなる（なった）体験が有効です。大人はあまり付き合いすぎないで（1回だけ一緒に確認する等）、「大丈夫、何とかなる」と、先に進めましょう。

サポートしやすさ
★★☆☆☆

書いてあれば!!
大丈夫!!
よくやったナイス!!
大丈夫よー
これで大丈夫？ねー
ねーねー
えっ…・・・そうなの？

サポート

### 1 子どもの不安に付き合いすぎない

一度だけ一緒に確認するのはよいですが、何度も確認してくる場合には、"さっき確認したから大丈夫""忘れても大丈夫、まあいいか、何とかなる"とさらっと対応を。付き合いすぎると不安がどんどん深まることに。

先生じつは、
このことね…。

サポート

### 2 失敗しても大丈夫という経験を

事前に学校の先生に子どもの状況を伝えた上で、あえて書き取りを汚く書いてみたり、忘れ物をしたりして、失敗しても大丈夫という体験を積む。また、子どもからの要求は、大人が応えてあげられることばかりではないので、不確定要素がある場合には、事前にその通りにならない可能性を伝えておき、実際その通りにならないことを体験しておくのも"大したことじゃなかった"と思える練習になる。

あら、じゃあ今日はこの紙を使いましょう
ノートを忘れてしまいました……
あれっ？おこらない。
ビクビク

93

# 習い事を嫌がる

そもそもやりたくない習い事だったり、習っているうちに苦手意識が生じたり。友達とトラブルが起きている場合もあります。

**チェック**
**1** 習い事そのものが嫌

**チェック**
**2** 人や場所などの環境要因

---

使える子育てスキルはコレ！

 **スキル 6** 「できた」で終わる （23ページ）

 **スキル 14** 「ごほうび作戦」を立てる （31ページ）

**サポート**

小学校低学年までの習い事は"楽しくやる"が基本です。好きな課題を中心にする、ほめられる環境に調整するなどのほか、ごほうび作戦などもおすすめです。

サポートしやすさ
★★★★★

サポート
### 1 楽しめるようにする

習い事そのものを続けるのかやめるのか見直す、先生と相談できる場合は苦手な課題を少し先送りにして得意な課題を中心にする、頑張った後のごほうびを設定する（ごほうび作戦）。

バシャバシャ

すばらしい!!
ラストは
好きな曲を
弾きましょう

えっ！
いいの!!

パチパチパチ

サポート
### 2 環境調整をして 「できた」という実感を

先生や大人の指導方針としてほめることを中心にする、場所や時間を変えてみる。習い事は学校と違ってそもそも任意で行うもの。もしどうしても友達とうまくいかない時は、「3月まで続ける」「4級に合格する」など具体的な目標を決めて習い事をやめたり、チームや競技を変えたりする。この場合も、ごほうび作戦は有効。

95

# 神経発達症（発達障害）って何？

　近年、診断基準の変更に伴い、発達障害という診断名が神経発達症とされるようになってきました。

　神経発達症とは①自閉スペクトラム症、②注意欠如・多動症、③限局性学習症、④発達性協調運動症を主な診断名としてひとまとまりのグループにされたものです。

　自閉スペクトラム症は社会性の苦手さ（相手に合わせられない、空気を読めない）と想像性の苦手さ（初めてや変化が苦手、こだわりが強い）の２つを併せ持つ特性で、注意欠如・多動症は注意転導性（他に注意がそれやすい、うっかりが多い）と多動衝動性（じっとしていられない、思い立ったらすぐ行動する）の２つを併せ持つ特性、限局性学習症は他のことはできるのに読み書きが苦手、あるいは書くことだけが苦手、計算だけが苦手な特性です。発達性協調運動症は、箸やハサミあるいは三角定規などの使用が苦手、自転車や縄跳びといったバランス感覚や手足がバラバラの動きが苦手な、不器用さが目立つ特性です。

　こうした神経発達症の診断基準が当てはまりそうな人は５％とも10％とも言われていますが、自閉スペクトラム症と注意欠如・多動症の両方が当てはまる、といった重なり合う特性のある方が多いのが現状です。神経発達症は"世渡り上手じゃないタイプ"とも言い換えられると思います。一方で、世の中の偉人と呼ばれる人たちには多かれ少なかれ神経発達症の特性があると言えます。人と違う発想ができる、好きなことにはとことん打ち込む、思い立ったらすぐに行動に移す、とても個性的な絵を描くなど、たくさんの強みを持っている特性なのです。

　ここで大切なのは診断ではなく、その人が困っているかどうか？　困っているとしたら何で困っているのか？　その人が困らないようにするにはどうしたらいいのか？という視点です。もしも"わが子はどうも世渡りがうまくいっていないようだ"と感じたら、スクールカウンセラーや近くの発達障害者支援センター、小児科・児童精神科に相談してみてください。

# Part 4

## サポートする家族の心がまえとは

子育てがうまくいかないと構えずに、まずはできそうなところから、できそうなことに取り組んでみましょう。小さくてもいいので一つ歯車を動かすと、それが少しずつつながって次第に大きな変化が生まれていきます。

# 子どもを叱っても
# 効果がないと思ったら

叱っている側はエネルギーを使うので疲れてしまい、叱られている側は拗ねて反抗的になり、お互いにいいことはありません。

チェック
**1** 叱るトーンがどんどん
エスカレートしている

チェック
**2** 売り言葉に買い言葉
親子で挑発しあってしまう

**使える子育てスキルはコレ！**

 スキル **8** 「ポジティブ」なイメージで
「シンプル」に伝える （25ページ）

 スキル **12** ごめんなさいより「ふり返り」を一緒にする （29ページ）

 スキル **15** 「ありがとう」を伝えて、やる気アップ！ （32ページ）

98

例えば片付けをする時。声かけで動かない時に、何度も声かけをしたり怒鳴ったりするのではなく、そばに行き片づけを促す、手助けをする。子どもが動き出したなら、ほめるチャンスです。これが、毎日怒ることから抜け出すための第一歩です。

## サポート
## 1　肯定的、具体的に伝える

「ちゃんとしなさい」と叱るより、「19時に夕食にするから、それまでに書き取りを終わらせなさい」など具体的にやるべきことを伝える。否定形で伝えるより、肯定形でシンプルに。それでもうまくいかない時には、「ズボン脱いで置いてくれてありがとう」など、できているところを認める声かけを。
1度目の声かけで動かなかった時に、2度目は怒鳴るのではなく、そばに行って一緒に片づけ始めるなど手助けをする。

## サポート
## 2　冷静になるために、
##　　一旦距離を置いてみる

「うるせえ」「わかってる!」と口答えばかりされると叱りモードに拍車が……。そんな時はお互いに一旦距離を置き、双方が冷静になったら、「書き取り、今なら一緒にできるけど一緒にやる?　夕食後に自分でやる?」「今、全部やる?　それとも半分だけやって夕食後に残りをやる?」と選択肢を与えたり、ハードルを下げたりして本人に選ばせる、最終的には本人を信頼して任せる(自己責任)のもよい。
「ごめんなさい」を言わせるより、再発防止策を考えるためにも「ふり返り」を親子ですることが大切。

# ついイライラしてしまう

忙しい朝の支度時や時間にゆとりがない時、体調が悪い時などは、お互いにイライラしがちになります。

チェック
## ① お互いに余裕がない

子どもと真剣に向き合うほど、イライラしたり落ち込んだりしてネガティブな気持ちになってしまう。

チェック
## ② 大人側と子ども側で能力評価のミスマッチが起きている

「本来、こうあるべき」「こうあらねばならぬ」という基準や期待があり、それが叶わないとイライラする。

---

使える子育てスキルはコレ！

スキル 8 「ポジティブ」なイメージで「シンプル」に伝える (25ページ)

スキル 9 ６秒ルール　怒りのピークはたったの「６秒」(26ページ)

わが子であるがゆえ、ついつい厳しくなりがちではないでしょうか？　やってくれるはず、できるはずと過剰な期待をせず、ちょっと距離を置いて子どもの行動を見直してみましょう。保護者のいないところでは頑張っているかもしれません。

### 1　一呼吸置く

忙しい時こそ自分にゆとりを作る意識を持つ。"急がせて事故にあうより遅刻しても無事に学校に行ってくれればいい"というように考え方を少し変えてみて。余裕がない時は一旦トイレに行って深呼吸する、飲み物を飲む、目をつぶって自分で自分の肩を60回トントンする、呼吸と心を整える。イライラや怒りのピークはたったの6秒なので、それをやり過ごすことがポイント。体調が悪い時には休む勇気も必要。

### 2　基準を下げて認める

わが子には怒ってしまうことも、友達の子にはもう少し余裕を持って、自然と良いところを見つけてポジティブな声かけをしているはずなので、わが子にもそうしてみる。また、どんなに優れた陸上選手でも100mで常に9秒台を出せるわけではないのに、周りの人は"一度はできたこと（宿題を帰宅後すぐに終わらせる、テストで90点とる等）"を基準にしがち。本人としては10回に1回出せればいい水準であることも多々あるので、要求水準を"どんなに調子が悪くてもできる（寝るまでに宿題を終わらせる等）"基準まで下げることで周りの人のイライラは半減し、ほめることが増える。

# 33

## 学校とうまくつながるには どうしたらいい？

スクールカウンセラーや学年主任、教頭など、その学校で
キーになる先生にも同席してもらい、担任の先生に相談を。

**1** 友達とのトラブルがある
（いじめ等も含む）

**2** 席でじっとして
いられない

**3** 授業についていけるか心配

使える子育てスキルはコレ！

**スキル8** 「ポジティブ」なイメージで
「シンプル」に伝える （25ページ）

子どもの行動の特徴、対応の工夫、過去にあったトラブルの例とその効果的な対応について、忙しい先生にもさっと読めるように端的にまとめたものを持っていき説明してみてはどうでしょうか。

サポート
**1 2 3**

### 学校の中に味方を見つける

学校の中に信頼できる先生を見つけられると、良い方向に進むきっかけになる。担任の先生以外でも学年主任の先生や教頭先生・校長先生・養護の先生、スクールカウンセラーの先生など、まずは誰か一人でも信頼できる先生を探してみて。もし信頼できる先生が見つかったら、悩んでいること、心配なことをシンプルに伝えて、共有するところから始める。過去にあったトラブルの例とその効果的な対応について A4 判 1 枚程度にまとめ、説明するとよい。

サポート
**1 2 3**

### 学校外にも味方を
### 見つける

家族はもちろんのこと、保護者仲間や教育委員会など学校外の先生、医療機関や相談機関などで信頼できる人を探してみる。もし信頼できる人が見つかったら、悩んでいることや心配なことを伝えて、一緒に作戦を立てる。いずれにせよ、まずは SOS を誰かに伝える勇気が必要。一人で悩まず、少し相談してみたり、学校に顔を出す機会を作ったり（図書ボランティア等）、できるところから動いてみるのが大切。

# 地域とうまくつながるには どうしたらいい？

地域の役員などを引き受けると知り合いが増えたりもします
が、子どものために無理につながろうとしなくてもよいのです。

**1** 周りに知り合いが
ほとんどいない

**2** なかなか地域の人たちと
なじめない

使える子育てスキルはコレ！

 「まあいいか」と思う （22ページ）

 「ポジティブ」なイメージで
「シンプル」に伝える （25ページ）

ハッピー
サポート

子育て中は、知り合いが少ないと不安に思う方も多いと思います。無理に地域の人とつながる必要はありませんが、付き合いを広げたい場合は子育て広場に参加したり、公民館などのイベントや習い事に参加するのはどうでしょうか。

サポート
## 1 つながれるところが　見つかれば、つながる

子ども会や学校の PTA 役員、スポーツの少年団や習い事などで、つながりができる機会を持てそうなら、そこから自然とつながりが広がる。そういう機会がなくても、例えば職場や趣味を通して、あるいは元同級生を通してなど、保護者自身のつながりから広げることも可能。子どもが幼いうちは、子育て広場に参加しても。地域の広報誌などで子育てに関する情報をチェックするのもおすすめ。

サポート
## 2 無理に　つながらなくてもいい

つながるのが苦手だったり、つながることで逆に人間関係で悩んだりする方もいるので、無理は禁物。うまくつながることを意識するより、誰か一人でもいいので愚痴を聞いてくれたり、不安や心配の相談に乗ってくれたりする身近な味方を見つけてみては。本当にしんどい時は "しんどい" とつぶやいてみることも必要。

105

# もしも、いじめに
# あってしまったら

わが子がいじめにあっているかも？と気になったら、
まずは本人の気持ちを聞いてあげてみてください。

**1** 学校生活が
楽しくなさそう

最近 元気がない…？
お友達とあそびにも
イテかないし…

**2** いじめを受けていると
わかったら

あのね……

うん うん

ゆっくり話していいのよ

**使える子育てスキルはコレ！**

スキル**9** 6秒ルール　怒りのピークはたったの「6秒」(26ページ)

ハッピー
サポート

何があったかを詳しく話してくれる子もいますし、話してくれない子もいます。どんな場合でも子どもの絶対的な味方であることは伝えてあげてください。その上で、解決策を一緒に考え相談先を探してみましょう。

サポート

**1  2  学校に相談する**

もし学校に信頼できる先生がいるなら、まずは落ち着いて先生に相談を。子どものことが心配でも、勢いで相手の保護者に怒りの電話をすることは避ける。いじめ対応担当の先生やスクールカウンセラーの先生がいる場合には、その先生に相談してもよい。しかし、先生が良かれと思って相手の子を呼び出していじめのことで注意してしまい状況がさらに悪化してしまったり、先生自身の言葉で子どもがさらに傷ついていたりする場合もあるので、その場合は下記の学校以外の相談先を探してみては。

サポート

**1  2  学校以外にも
      相談する**

学校の先生や家族にはもちろん相談するが、それでも物事がうまく進まない場合などは、教育委員会など学校外の先生、医療機関や相談機関などで信頼できる人を探して相談することも可能。担任の先生だけでは解決できないことも、学校外の専門家の先生ならば、客観的に考えアドバイスをしてくれる場合もある。

# 子どもの自己肯定感を 高めよう

## 36

3つの Self を大切に育ててあげてください、とよくお伝えしています。Self-Confidence（自信）、Self-Control（自己統制）、Self-Esteem（自己肯定感）です。

チェック
**1** 自分ばかり
叱られると考える

チェック
**2** 自分は「できない」と
思っている

**使える子育てスキルはコレ！**

スキル
**6** 「できた」で終わる （23ページ）

スキル
**15** 「ありがとう」を伝えて、やる気アップ！ （32ページ）

自己肯定感（自尊心）とは、自分は価値がある人間である、自分は必要とされている人間であると思える気持ちを表しています。自己肯定感を高めるには、人から認められること、ほめられることも大切ですし、自分のイメージや目標に到達すること、達成感を味わうことも大切になります。

### サポート 1　人から認められる、ほめられる

保護者や先生など身近な人から"ありがとう""いいね"をいっぱい伝えてみる。朝の忙しい時間帯に洗面所をいつもより少し早く譲ってくれたり、トイレを急いで済ませて出てきてくれたり……当たり前だと思える、そんなちょっとしたところでも"ありがとう"を伝えることで、子どもは"次もそうしよう"と思えるように。"ありがとう""いいね"が増えてくると子どもは認められている、必要とされている実感が増してきて自己肯定感が高まる。

### サポート 2　自分で成功体験を積む、達成感を味わう

自分で"できた"と思う体験を積むことで自己肯定感も高まる。朝の支度の多くは保護者がやっていたとしても、例えば"お弁当でウインナーだけは自分で箱に入れた""水筒の蓋は自分で閉めた"など、ちょっとでも自分でできた経験を積むと小さな達成感を味わえる。もちろん"25mクロールで泳げるようになる""英検で3級に合格する"などの自分なりの中期目標を決めて成功すると、それはとても大きな達成感に。ポイントは、子どもが実現できる目標設定にする匙加減。スモールステップで少しずつレベルを上げるのがコツ。

# 自己肯定感と成長

## ～負のサイクルを

**ほめられた場合**

努力した
ことを
**ほめる**

ヤッター

そして
成功する

お母さんは
応援して
くれている

メラメラ

よし‼

次も
**挑戦**
する

自己
肯定感が
上がる

UP!

**子どもが失敗した時の**

110

# マインドを高める

## 断ち切る方法〜

叱られた場合

失敗する

できなかったことを**叱る**

期待に応えられなかった

失敗しないように萎縮する

自己肯定感が下がる

DOWN

自分は**ダメ**だと思う

**家族の対応が大切**

# 子どものいいとこ見つけ

▶ **何でうちの子ってこうなの？**　▶ ▶ ▶ ▶ ▶ ▶ ▶

不注意な間違いが多い

片づけ、整理整頓が苦手

こだわりが強い、切り替えが苦手

言葉でのやりとりが苦手

じっと座っていることが苦手

みんなに合わせるのが苦手

すぐに飽きる

高いところに登る

負けず嫌い

なくし物、忘れ物が多い

集中力が続かない

なかなか取りかからない

冗談が通じない

友達付き合いが苦手

触られるのが苦手

待てない

▶ ▶ ▶ ▶　**実は、こんなことが得意です！**

細かいことは気にしない

自分流の片づけ方がある

とことんやる

見て理解することは得意

動くのが得意

人に流されない

切り替えが早い

勇気がある

負けん気が強い

物にこだわりすぎない

色々なものに興味が持てる

エンジンがかかるとできる

真面目、素直

一人でも居られる

センサーが鋭い

行動力がある

# 小児科医からの
# 子育てアドバイス6

小児科医としての経験からお伝えしたい子育てのアドバイスを6つにまとめました。基本的だけど大切なことになりますので、ぜひ参考にしてください。

## 1 まずは子どもの話を聞く
### 〜子どもなりの言い分がある〜

"お子さんが100点満点のテストで30点をとってきた場合""お子さんが朝起きてこない場合""お子さんが昼に食べたお弁当箱を夜遅くに出してきた場合"、皆さんならどのように声かけしますか？

「なんでこんな点数とってきたの？ 勉強してないからでしょ！」「昨日夜遅くまで起きていたからでしょ！ 早く起きなさい！」「なんで帰ってきてすぐに出さなかったの！」などなど、つい小言を言いたくなりますよね。私自身も無意識に結構言ってしまいます。

ただ小言を伝えてもまた同じことが繰り返され、その都度、お互いにイライラして親子関係が悪化する、ということにつながっていませんか？

何か気になるところがあったら、まずはお子さん本人の言い分・話を聞きましょう。保護者の方にとっては"たった30点"でも、お子さんにとっては"頑張った30点"かもしれません。そもそもテスト結果を見せてくれるということは、認めてほしい気持ちの表れでもあります。そんなお子さんに「なんでこんな点数?」なんて言ってしまうと、次からお子さんはテスト自体を見せてくれなくなるでしょう。

◉まずは「テスト頑張ったね、見せてくれてありがとう」と伝えるとともに、「テストの結果どう思う?」と本人の意見を聞いてあげる
　お子さんは「難しかったよ」と言うかもしれませんし、「頑張ったよ」と言うかもしれません

◉次に、いずれにせよ共感の言葉（難しかったね、頑張ったね）を伝える

◉そして、「次のテストに向けてどうする?」と一緒にふり返りや目標設定ができると理想的

　こうすることでお子さんにとって、皆さんは話を聞いてくれる（頭ごなしに否定されない）存在となりますし、一緒に考えてくれる頼れるチームメイトになります。

# 2 行動療法のススメ
## ～基本の型を知っていると役に立つ～

応用行動分析学という学問があります。心理学ですが、心や気持ちを考えるのではなく、行動の理由を考え対応方法を探る、行動療法の基礎になる学問です。子育てをはじめ、最近では企業やスポーツ選手のマネジメントなどでも広く活用されています。

神経発達症（発達障害）の分野では医学的エビデンス（根拠）もあり、療育活動にも活用されています。難しいことはここでは割愛しますが、応用行動分析（行動療法）で大切な要点（ポイント）を以下に挙げます。

◉行動の理由を、行動の前後の状況から推測する

◉行動の理由は"要求""拒否""注目""感覚"の４つのいずれかに集約される（重複していることもある）

◉得をする（メリットがある）行動は増え、得をしない（メリットがない）行動は減る

◉行動を変えたい時には、①行動の前の状況を変える（環境を調整する）、②行動そのものを変える（別の方法を身につける）

例えば、お母さんが宿題をやるように声かけした時に子どもが“かんしゃく”を起こす場合、前後の状況から、A. おもちゃで遊びたい（要求）、B. 宿題をやりたくない（拒否）、C. お母さんにかまってほしい（注目）、D. 眠たい（感覚）、の4つのいずれかの理由が推測されたとします。

　もし“かんしゃく”を増やしたい場合は、“かんしゃく”が起きるたびにおもちゃを与える、宿題をやらなくていいよと伝える、一緒に遊ぶ、抱っこする、など子どもが得をする対応をします。

　一方“かんしゃく”を減らしたい場合は、逆の対応、おもちゃを片づける、宿題をやらせる、無視する、寝たふりをする、など子どもが得をしない対応をします。

　しかし、本来は“かんしゃく”という行動自体が出ないようにできればお互いハッピーになります。そこで、おもちゃが目に入らないように工夫したり、先に宿題をやるとゲームができるなどの得する仕組み（ごほうび制度）を作ったり、「15時になったら一緒におやつを食べよう」と事前に一緒に過ごせるタイミングを伝えたり、眠たい時は「眠たい」と言葉で伝えることを約束させたりと、あらかじめ環境の調整を行い別の行動に導けるようにしておくとお互いのイライラも減ることにつながります。

# 3 子どもの叱り方
## ～暴言・暴力はお互いを不幸にする～

　日本では2000年11月に児童虐待防止法が施行され、2020年4月から「しつけなどでも、いかなる理由があっても体罰は禁止」する法改正が行われました。スウェーデンでは40年以上前に世界で最初に法律で体罰の禁止が規定され、諸外国でも20年ほど前から次々と法律で規定されてきていました。そうした国々では暴言・暴力などの体罰なしでも子育てできる文化が醸成されてきています。

　これまでの研究から、体罰を受けた子どもは "落ち着きがない" "集中力がない" "集団行動ができない" といった行動面の問題が多くなると報告されています。さらに、思春期になると家庭内暴力や非行が増えるとする報告もあります。

　暴言・暴力などの体罰は子どもにとって、自分の存在の否定（どうせ私はいなくてもいい）、自己肯定感の低下（自分はダメな人間だ）をもたらし、適切な対処スキルを学ぶことができず（叱られるけどどうしたらいいか学べない）に将来的には同じ暴言・暴力を保護者や友人などに向けることにもつながる可能性があります。

　保護者にとって、暴言・暴力による子育ては一瞬有効に感じることもありますが、その効果は短期的です。また同じ過ちを繰り返し、暴言・暴力はよりエスカレートする傾向があります。

もしも体罰が出そうになったら、以下の点を心がけてみてください。

◉怒りたくなった時、"6秒"を心の中で数えてから伝える

◉伝える時は"お父さんは〜と思う""お母さんは〜してほしい"のように主語に保護者自身を入れて伝える（"〜しなさい"のように子どもが主語になると子どもも感情的になりやすい）

◉それでも自身が冷静でないと思ったら、一旦その場を離れる（トイレで60回自分の肩を交互にトントン〈タッピング〉する、子どもが安全な場所にいられるなら、別の部屋に移動して好きな落ち着く音楽を聴く、飲み物を飲む等）

◉普段から自分のストレス発散方法を見つけておく（弛緩法などの体操をする、深呼吸する、肩をトントンする、歌を歌う、飲み物を飲む、布団に包まる等）

　それでもうまくいかない時には、保健師やスクールカウンセラー、小児科やメンタルクリニックなどの医療機関に相談しましょう。

# 4 自分自身の心と体の健康を大切にする
## 〜ゆとりを作る〜

　どんな人でも、心と体には好調・不調があります。それは生活リズムでも左右されますし、ホルモンバランスや健康状態、仕事や家庭の状態でも変わってくる当たり前のことです。

　仕事で忙しかったり、夫婦喧嘩したり、はたまた子どもの言動で悩んだり……子育てをしていると、毎日が一喜一憂の連続だと思います。しかも、一度負の連鎖が始まると次から次へとイライラは強くなっていきませんか？　でも実は、どこか一つ、ほんのちょっとの変化を加えることで、毎日がハッピーになる正の連鎖に転じることが多々あるのです。

そこで以下の提案です。

◉ 自分の心と体の健康を意識してみる（数値化してもいいかもしれません、例えば "絶好調を 100 として今は 50 くらい" 等）

◉ 心の健康度が 50% を下回ると感じたら、自分が安らぐ方法（好きな曲を聴く、美味しいスイーツを食べる、アロ

マで好きな香りをたく、美容院やエステに行く、お風呂でお気に入りの入浴剤を使う、寝る等）を試してみる

◉仕事や家事の負荷が大きいと感じた時には、"今やらないと生きていけない"こと以外は後に回す

◉誰か相談できそうな人がいたら、"しんどい"と相談する

◉もし相談できそうな人がいなかったら、ノートやスマホに"イライラした気持ち"を書き出す（誰かに気持ちを話したり、ノートに書き出したりするだけでも気持ちが少し楽になります）

◉それでも"しんどい""イライラが強い"と感じたら、メンタルクリニックなどに相談する

　自分自身の心と体の健康に気を配ることは、一緒に生活する家族の健康に気を配ることにつながります。つい、自分のことは後回しにしがちですが、子どものためにも自分のためにも、頑張りすぎないでいいのです。

# 5 ゲームやタブレットに関するルール

　インターネットはその名の通り、世界中に網が張られてつながっています。スマホやオンラインゲームを保護者が管理せず、子どもが一人でやっているということは、まだ世の中の仕組みやルール、リスクを知らない子が世界中を一人で歩いているのと同じです。ゲームやタブレット、スマホ、パソコンなどを渡す時は以下の点に気をつけてください。

**1** できるだけゲームやスマホなどの利用開始は先送りする（利用開始が低年齢であるほど依存症リスクが高くなり、学業成績は下がる傾向がある）

**2** 保護者のものを貸し与えているということを伝える（実際、端末代や通信代は保護者が支払っている）

**3** 保護者が先に使い、使いこなせるようになってから渡す（子どもはネイティブ・ユーザーであり、恐ろしく早く使いこなせるようになる）

**4** ゲームやタブレット、スマホ、パソコンの管理者の設定権限などにおけるパスワード等は、子どもには絶対に見破られないようにする

**5** 使える時間帯や使用時間、アクセスできる範囲をアプリごとに設定してから貸し与える（口約束では守れないので、必ず機械・端末で設定を）

**6** 充電環境はリビングなど保護者の目が届く範囲に限定する

**7** SNSでのやりとりは、文章の書き方のコツやSNSのリスク、ルール、マナー、エチケットを獲得できるまでは保護者と一緒に行う（写真をアップして自宅や学校を特定されたり、友達からいじめにあったりすることもある）

**8** 決め事は書いて見えるところに貼る。うまくいかない時には日数を決めて、一時的に貸与を中止する（"21時に寝る"などの目標を決めて、達成できたら再度渡すリカバリーシステムを用意する）

# 6 "ありがとう"を伝える
### ～家の文化は保護者が作る～

　外来で、保護者の方に"ありがとう"の文化を作りましょう、"ありがとう"をたくさん伝えましょう、とお願いしています。私自身も、スタッフや家族にできるだけ感謝を伝えるように日々意識しています。

　"ありがとう"はとても素敵な言葉で、伝えられたほうはもちろん、伝えたほうも幸せな気持ちにさせてくれます。

　"ありがとう"は伝染します。

　学校を訪問した際、子ども同士が"ありがとう"や"いいね"といった相手を認める声かけをしているクラスがあり、やはり先生が意識的にたくさん"ありがとう""いいね"を伝えていました。

　高齢者のご自宅でお看取りさせていただいた際、ご家族が亡くなられた方に感謝を伝えている光景もよく目にしました。きっとこの方もご家族に"ありがとう"を伝えてきたのだと思いながら、最期の時間をともに過ごさせていただきました。

　クラスの文化は先生が作る、家の文化は保護者が作るのだと思います。

　人を変える、文化を作るためには、まずは自分から実践していきましょう。

　「いつもより少し早く起きてくれたから、朝は忙しいし助かるよ、ありがとう」というように、些細なことでも感謝を伝えてみましょう。

　ぜひ、"ありがとう"があふれる家庭を築いてみてください。

# おわりに

　本書は、集団生活で困りごとがある子のための子育てに役立つといいな、と思うアドバイスを掲載していますが、自分自身や自分が関わらせていただいたたくさんのお子さん、ご家族の経験、さらに世界中の子どもや家族を対象とした研究から得られたエビデンスなどをもとに子育てスキルを選定しています。

　集団生活の中で苦労している子どもたちを見て、保護者の方もつらい気持ちになることもあるかもしれません。でも、スモールステップで進んでいけば大丈夫。

完璧じゃなくてもいいのです。
失敗があるから学べるのです。
疲れたら休んでもいいのです。
"まあいいか"の精神を忘れずに、肩の力を抜いて腹八分目の子育てでいきましょう。

　最後になりましたが、この本を出版するにあたり、多大なるご尽力をいただいた(株)アストラハウスの林定昭様、遅筆に伴うご迷惑をおかけしたにもかかわらず、企画から編集まで根気強く支えてくださった戸田賀奈子様にこの場を借りて深謝いたします。

　いつもわかりやすいアドバイスで私にない視点や気づきを与えてくれる笹田夕美子さん、とても素敵なイラストを描いていただきましたウエダトモミ様、お二人の力なくしてこの本はありません。

　この本を手にしてくださった皆様、本に関わってくださった皆様、診療所や関係機関でお世話になっている皆様、そして何よりいつも多くの気づきを与えてくださり、成長の喜びをお裾分けしてくれる外来にいらしていただいている皆様に、少しでも多くの幸せが訪れますように。

遠藤雄策

## 参 考 文 献

◆　遠藤雄策・笹田夕美子 著 『発達障害かも!? うちの子って』　アストラハウス／ 2017年

◆　奥田健次 著 『叱りゼロで「自分からやる子」に育てる本』　大和書房／ 2011年

◆　奥田健次 著 『メリットの法則　行動分析学・実践編』　集英社新書／ 2012年

◆　笹田夕美子 著 『10代のための生きるヒント みんなとちがっても大丈夫 !』 アストラハウス／ 2019年

◆　杉山登志郎 著 『発達障害のいま』　講談社現代新書／ 2011年

◆　杉山登志郎 著 『発達障害の子どもたち』　講談社現代新書／ 2007年

◆　滝川一廣・杉山登志郎ら 著 『そだちの科学』第 32 号「特集　発達障害の 30 年」 日本評論社／ 2019年

◆　平岩幹男 著 『イラストでわかる発達が気になる子のライフスキルトレーニング：「できた！」を増やす対応法　幼児期〜学童期編』　合同出版／ 2018 年

## 著 者 プ ロ フ ィ ー ル

### 遠藤雄策

小児科医。1998 年浜松医科大学医学部卒業。静岡県内の病院や国立精神・神経医療研究センター、浜松医科大学医学部附属病院を経て、2009 年より浜松市発達医療総合福祉センター勤務。小児科医として発達障害や知的障害、身体障害、重症心身障害のある子や医療的ケアを必要とする子に外来診療・訪問診療を通して関わり、保護者の方々と一緒に子どもたちの成長を感じる日々を過ごしている。一般社団法人みらいTALK で、子どもたちの防災支援事業や子どもの生活・学習支援事業にも従事している。著書に『発達障害かも!?　うちの子って』（共著、アストラハウス）がある。

### 笹田夕美子

臨床心理士・公認心理師。1995 年早稲田大学人間科学研究科修了。浜松市発達医療総合福祉センターで臨床心理士として勤務。専門は応用行動分析。2006 年より臨床心理士、行動分析学者の奥田健次先生に師事し、2018 年 4 月からは長野県北佐久郡御代田町にある行動コーチングアカデミー・児童発達支援事業所ハンナに勤務。著書に『発達障害かも!?　うちの子って』（共著、アストラハウス）、『10 代のための　生きるヒント』（アストラハウス）がある。

Staff

装　幀　　　　　　　　坂川朱音（朱猫堂）

本文デザイン・イラスト　ウエダトモミ（BOB.des'）

校　正　　　　　　　　志村かおり（ディクション）

集団生活が苦手な子のための
# 子育てハッピーサポート BOOK

2021 年 9 月 10 日　　第 1 刷　発行

著　者　　遠藤雄策 ／ 笹田夕美子
　　　　　えんどうゆうさく　ささだゆみこ

発行者　林　定昭
発行所　株式会社アストラハウス
　　　　〒 203-0013　東京都東久留米市新川町 2-8-16
　　　　電話　042-479-2588（代表）

印刷所　株式会社 光邦